रूह की कलम से

ग़ज़लें और कविताएं

आगरी

Made with ♥ on the Notion Press Platform
www.notionpress.com

क्रम-सूची

ग़ज़लें

कविताएं

क्रम-सूची

ग़ज़लें

1. बहकते कदम

बहकते इश्क में उसके कदम बरबाद ना हो वो
कभी शीरीं मिलेगी ये समझ फ़रहाद ना हो वो।

परिंदे कैद की जंजीर से बंधे नहीं होते
कहीं महबूब की आवाज़ से सज्जाद (सज्दा) ना हो वो।

कहानी हर दिखावे इश्क में पाई नहीं जाती
अगर धोखा मिला तो इश्क में नाशाद (हताश) ना हो वो।

शबे कासिद वफ़ा पैग़ाम के काबिल नहीं है तो
खलक में जीस्त दफना कर अदम-आबाद ना हो वो।

गुनाहों के हिसाबों को गिनेगा आगरी तब तो
बिखर के इस जहां में ज़ुल्म से जल्लाद ना हो वो।

शबे कासिद (रात का संदेशवाहक)
खलक (दुनियां) जीस्त (ज़िन्दगी)

अदम-आबाद (दूसरी दुनियां)

2. इश्क में इबादत

इश्क से सब इबादत फना हो गई
वाइज़ो (उपदेशक) की हिदायत फना हो गई।

मैं खुदा भूलकर इश्क करने चला
इश्क में आज कैसी खता हो गई।

माफ करना मुझे महफिलों में सभी
यार की कुछ ज्यादा सना (तारीफ़) हो गई।

आज़ बरबाद ऐसा हुआ इश्क में
इश्क की अब मुझे तो वब़ा (महामारी) हो गई।

दर्द इतना मिला इश्क का ए खुदा
इश्क में आज मेरी कज़ा (मृत्यु) हो गई।

प्यार में आज़ दोज़ख़ मिलेगा मुझे
इश्क की आगरी को सज़ा हो गई।

3. दुनियां के सितम

इस खलक (दुनियां) में शोर कुछ ज्यादा बसा है
दिल गमों के बोझ से ज्यादा दबा है।

बस बचा है पास मै (शराब) का इक सहारा
गम भुला पाया सभी अच्छी दवा है।

चरमराती है भरोसे की हकीकत
ना मिले धोखा खुदा शायद डरा है।

अब लहू सैलाब बन बहता यहां पर
वहशती की अब चली कैसी सबा (हवा) है।

हर तरफ़ फैला अमीरों का दिखावा
भूख से तड़पी गरीबों की हशा (आंतडियां) है।

लाश को इंतज़ार था अपने कफ़न का
नोच उसको भी लिया कैसी जफ़ा (सितम) है।

4. ख्वाहिश तन्हाई की

रिवायत है कि ख़ल्वत में गुज़ारा कर रहा है तू
अदावत में किसी से अब किनारा कर रहा है तू।

निहां बेगानगी ख्वाहिश बनी है बेवफाई में
जला के ज़िन्दगी अपनी शरारा कर रहा है तू।

क़फ़स को तोड़ पाखी उड़ चला लड़ने ख़ुदा से भी
अकेला क्यों बगावत पर इज़ारा कर रहा है तू।

पकड़ना गर्द को क्यों है हथेली से ज़माने को
मिलूंगा ना कभी सबसे इशारा कर रहा है तू।

गली कूचे भरे बाज़ार धोखा है बहिश्ती का
वली असली नहीं कोई नज़ारा कर रहा है तू।

कहा था आगरी लंबी बची है जिंदगी अपनी
बचा अब वक्त कितना है शुमारा कर रहा है तू।

रिवायत (सुना हुआ) ख़ल्वत (एकांत) अदावत (दुश्मनी) निहां बेगानगी ख्वाहिश (छुपी हुई परायापन की चाहत) क़फ़स (पिंजरा) पाखी (पक्षी) इज़ारा (एकाधिकार) गर्द (मिट्टी) बहिश्ती (स्वर्ग में रहने वाला) शुमारा (गिनती)

5. इश्क का अहसास

है खबर उसको मिरे दिल की, बता क्या
इश्क का अहसास है उसको, ज़रा क्या।

होंश खो बैठा उसे पा सामने मैं
देखकर यूं रंग उसका भी, उड़ा क्या।

है छुपाता असलियत अपनी ज़हां रो
रोज़ अपने अक्स से भी था, लड़ा क्या।

हाथ रख सर की कसम भी तोड़ डाली
बेवफाई की मिलेगी अब, सज़ा क्या।

क़त्ल कर जज़्बात का, मासूम था वो
है वही क़ातिल उसको था, पता क्या।

दिल लगाया बेवफ़ा से इस शहर में
इश्क में ये आगरी की थी ख़ता क्या।

6. बेज़ार ज़िन्दगी

इल्ज़ाम ना लगा इस बेज़ार ज़िन्दगी पर
कुछ तो लगाम रख मय की ओर तिश्नगी पर।

यूं हाथ ना छुड़ा अपना बेवफ़ा समझ के
थोड़ा यकीन कर अपनी इश्क बंदगी पर।

आवाज़ ना उठा पाया ज़ुल्म का मुखालिफ़
जीता रहा खलक की नासूर गन्दगी पर।

ज़िंदा बचा रहा इस उम्मीद की वजह थी
वो चाह मग्फ़िरत की इश्क परदगी पर।

महबूब की दुआ बेईमान ना हुआ था
ऐसे बचा रखा है ईमान रफ्तगी पर।

वो संग दिल बना फिरता था डरा ज़हां को
था ताब आगरी का उस रोज़ मतलबी पर।

तिश्नगी (प्यास), बंदगी (पूजा) मुख़ालिफ़ (विरोधी) मग्फ़िरत की इश्क परदगी (निजात इश्क के शर्माने से) रफ्तगी (बदहवासी में) संग दिल (पत्थर दिल) ताब (शक्ति ज़ोर)

7. भुला के शौक (इश्क)

भुला के शौक (इश्क) पीने दे मुझे अब
बहकता हूं बहकने दे मुझे अब।

रुका है क्यों पिला दे और साकी
गिरा जो आज गिरने दे मुझे अब।

दबा है कुछ पुराना दर्द दिल में
जलाकर जख्म जलने दे मुझे अब।

खुदा को भूल मैखाने चला हूं
भटकता हूं भटकने दे मुझे अब।

जमी महफिल मिलें हैं यार अपने
सभी से और मिलने दे मुझे अब।

बनेगा आगरी कैफ़ी (शराबी) कभी क्या
ख़याली बात कहने दे मुझे अब।

8. हमसफ़र

उम्र कम हो मगर तू रहे साथ में
हो जनम सात भी तो रहें साथ में।

खूबसूरत बनी हर घड़ी ज़िन्दगी
जब रहा हाथ तेरा सदा हाथ में।

दर्द में यार का साथ ऐसा मिला
आसमां से गिरी बूंद बरसात में।

मुश्किलों का चला दौर लंबा सही
तू रही पास नासाज़ (प्रतिकूल) हालात में।

मांग कर तोहफ़ा आजमाना मुझे
दूं तुझे प्यार में जान सौग़ात में।

9. तेरे रुके अश्क

तेरे रुके हुए अश्कों में रवां हुआ हूं
तेरे असीर (कैद) होठों की मैं ज़बां हुआ हूं।

जज़्बात से बना हूं बेचैन इश्क का गुल (फूल)
तेरे गुथे हुए बालों में सजा हुआ हूं।

उठने लगा हवा में जो रंज (गम) की शमा से
उस रंज आग का तेरी मैं धुआं हुआ हूं।

बेताब हैं परिंदा कैसे उड़े शजर (पेड़) से
तेरे हसीन ख्वाबों का आसमां हुआ हूं।

है इंतजार में कब से आगरी गली में
तेरी उसी गली में टूटा मकां हुआ हूं।

10. उसकी फिक्र

खैरियत की फ़िक्र में, ज़ाया (बेकार) हुआ
तू बला से दूर हो, साया हुआ

बेवजह परवाह ना कर साहिबा
मैं हिफाजत में सदा, आया हुआ।

आशना है राह अब मेरे लिए
इश्क में डर- ए - जबल (पहाड़) ज़र्रा हुआ।
रोक ले ये अश्क जो रुख (चेहरा) पर हुए
मुस्कुराए भी तुझे, अर्सा हुआ।

क्यों महोब्बत का सफर छोड़ा तूने
दूर होने का बड़ा सदमा हुआ।

मर्ग (मृत्यु) की थी चाह आगरी तुझे
इल्तिज़ा कर ता रहा, मुर्दा हुआ।

11. जहां की सज़ा

हज़ारों कमी जो बता दी
मुझे हैसियत भी दिखा दी।

कयामत गिरी इस कदर के
जहां ने हरा के सज़ा दी।

गमें आग थी ज़िन्दगी में
वही आग मेरी बढ़ा दी।

मिली दर्द की ना दवाई
जला के ज़खम को हवा दी।

अजब खेल है जालिमों का
बुना ज़ाल हस्ती मिटा दी।

दफ़न कर मुझे मार जिंदा
कब्र आगरी की बना दी।

12. दिल की खबर

आंख से मेरी गिरा हर अश्क अब
कर रहा है बस तुझी से इश्क अब।

है पता मुझ में रहा है ये (अश्क) मगर
कर रहा है ये मुझी से रश्क (ईर्ष्या) अब।

रुक गई हैं धड़कने उसके लिए
लग रहा जैसे रुका है वक्त अब।

फिर दुबारा अश्क ना निकले कभी
दिल अभी से हो गया है सख्त अब।

कैद है दिल जान उसके पास में
रूह भी मेरी करी है ज़ब्त अब।

क्या करेगा आगरी तेरे बिना
बंद होकर ही रहेगी नब्ज़ अब।

13. घरौंदा

घरौंदा जल रहा मेरा बनाया था इरादों से
सजाया था जिसे मैंने लगा सारे गुलाबों से।

तबाही कर गया है वो भुला कर इश्क रस्में भी
दिलाना था उसे सब याद कसमों की किताबों से।

गुनाहों को बताना है सरे बाज़ार लड़कर भी
मुझे खामोश कर पाया नहीं ज़ालिम जवाबों से।

भटकता फिर रहा क़ातिल गली कूचे शहर भर में
दगा दे कर सभी से छुप नहीं सकता नकाबों से।

हुआ था दूर वो मुझ से ज़माने से शिकायत कर
उसी से आगरी का घर बसेगा क्या दुआओं से।

14. भरोसा

किस पर भरोसा कर रहा
किसकी कमी जो भर रहा।

क्या ढूंढता है इस ज़हां
किस बात से दिल डर रहा।

धोखा मिला है राह में
बेहद बुरा मंजर रहा।

खत भी तुझे कैसे मिले
घर का पता मुज़्मर (छुपा हुआ) रहा।

कहते कमी तुझ में मगर
सब से सदा बरतर (better, superior) रहा।

था आगरी किस काम का
जिसका सदा रहबर (मार्गदर्शक) रहा।

15. मां

डांट लो चाहे सज़ा दो मां मुझे तुम
गोद में फिर भी बिठा लो मां मुझे तुम।

नींद भी छुपकर बुलाती है मुझे अब
प्यार से लोरी सुना दो मां मुझे तुम।

हर कदम पर क्यों रुलाता है ज़माना
इस ज़माने से बचा लो मां मुझे तुम।

दर्द बढ़ता जा रहा इस दिल बदन में
दर्द कम हो अब दुआ दो मां मुझे तुम।

मैं हमेशा हर दम रहूंगा साथ दिल से
अब कहीं से भी सदा दो मां मुझे तुम।

16. खाली मकां

भुला के, कर गया खाली मकां है
यहां बस अब बचे उसके निशां है।

बचाने की मुझे थी चाह लेकिन
बिखरता ही गया ये आशियां है।

हुई हो दूर यूं मुझ से जुदा हो
हुआ कैसा सितम ये दरमियां है।

बची है याद दिल में आज भी क्यों
खुदा क्यों ले रहा ये इम्तिहां है।

दिया इल्ज़ाम उसने बेवफ़ा का
पता ना था मुझे वो बदगुमां (शक्की) है।

जलाया इश्क स्याही से लिखा जो
वही तो आगरी की दास्तां है।

17. मैं डर गया

बेवजह मैं डर गया हूं
क्या पता मैं मर गया हूं।

सब परेशां हैं इधर तो
कुछ न कुछ मैं कर गया हूं।

याद आना लाज़मी है
दर्द दिल में भर गया हूं।

रात काली अब मिटेगी
आज जुगनू जो बन गया हूं।

बेहतर है राज़ उठना
चुप रहा था जल गया हूं।

कुछ गिरा है आंख से जो
मैं उसे उसमें मिल गया हूं।

18. रात थोड़ी हुई थी

अभी रात थोड़ी हुई थी
अभी बात थोड़ी हुई थी।

बताना शुरू ही किया जो
मुलाकात पूरी हुई थी।

बिछड़ना हमारा लगे यूं
कईं साल दूरी हुई थी।

दिवाना हुआ इसलिए मैं
जुस्तजू जरूरी हुई थी।

मुक्कमल बना प्यार मेरा
मुनासिब गरूरी हुई थी।

तुझे जो मिलाया किस्मत ने
महरबान आगरी हुई थी

19. खुदा से दुआ

लगा ही नहीं तू पराया मुझे
खुदा से दुआ ने मिलाया मुझे।

छुपाया हमीं से नहीं जानता
बुला के कभी तो बताता मुझे।

हँसी चेहरे पर बनाए रखी
गमों को कभी तो सुनाता मुझे।

तन्हा था अगर साथ होते हुए
इशारा सही पर जताता मुझे।

सहा जा रहा था अकेला सभी
कभी नाम आगरी बुलाता मुझे।

कविताएं

20. दो ज़ाम और

बस दो ज़ाम और मिल जाए पीने के लिए
बस दो पल और मिल जाए जीने के लिए।

हज़ारों जख्म दिए हैं ज़ालिम दुनियां ने मुझे
बस धागा और मिल जाए उन्हें सीने के लिए।

टूटते जा रहे थे ज़ाम साक़ी से मयखाने में
हथेलियों से संभाली मय सख़्त मीने (प्याला) के लिए।

तूफानी लहरों ने भी घेरा मुझे इस कदर के
साहिल पर उम्र गुज़ारी एक सफ़ीने (नांव) के लिए।

अर्श से गिराया मुझे आगे ना बढ़ जाऊं मैं
अब भटकता फिर रहा एक ज़ीने (सीढियां) के लिए

अपनों ने तो तमाम खुशियां छीनी आगरी की
अब हिचकिचा क्यों रहें मेरे दफ़ीने के लिए।

21. नफरत भरे शहर में

इस नफरत भरे शहर में कोई क्या प्यार वाला होगा
इस फरेब के कारोबार में कोई एतबार वाला होगा।

दिल के अल्फाजों को समझने के लिए प्यार चाहिए
जिसे प्यार का नशा हो क्या ऐसा खुमार वाला होगा।

इस शहर के हर गली कूचे में दागदारों का बसेरा है
दागदारों की महफिल में कोई क्या बेदाग वाला होगा।

बिखरी हुई है शर्म टूटकर इधर बेशर्मों के कदमों पर
इस बेशर्मी के माहौल में कोई क्या लिहाज़ वाला होगा।

इन पैसों वालों की ज़ेबो में इंसानियत का क़ातिल है
बेइंसाफी की दुनियां में कोई क्या इन्साफ वाला होगा।

22. ज़िंदगी के मंच

ज़िंदगी की रफ्तार छूने के लिए
दौड़ रहा था मैं जीने के लिए
छूट रहा था पीछे फिर भी
कोशिश थी पर ये जीने के लिए।

ज़िंदगी के मंच पर सपनों के लिए
किरदार किया कुछ बनने के लिए
नचा रहा था मुझे कोई और
कठपुतली था पर कुछ पाने के लिए।

रिश्तों के मैदान में अपनों के लिए
जी रहा था मैं उन के लिए
बिखर रहे थे रिश्ते फिर भी
निभाना था पर ये सबके लिए।

23. आज़ाद होना चाहता हूं

अतीत की जंजीर तोड़ना चाहता हूं मैं
अब बस आज़ाद होना चाहता हूं मैं।

यादों का कारवां जो संभाला था कभी
वो सब कुछ बस भूलाना चाहता हूं मैं।

बचपन की उस मासूमियत को अपनी
अपने वजूद से बस मिटाना चाहता हूं मैं।

सारी खामियों को पहचान कर अपनी
खुद को मजबूत बस बनाना चाहता हूं मैं।

मंजिल कितनी भी हो मुश्किल अपनी
हर इम्तिहान को बस हराना चाहता हूं मैं।

24. क्या प्यार में

क्या प्यार में सच में ऐसा होता है
एक चेहरे के सामने सब कुछ धुंधला दिखता है
हवाओं में भी अपनापन सा होता है
इतने सारे दुप्पटों में क्यों एक दुप्पटा उड़ता है।

क्या प्यार में सच में ऐसा होता है
एक शख्स के सामने सब कुछ रुकता दिखता है
प्यार के नशे में सारा जग नशीला होता है
एक प्यार के रंग में क्यों सब कुछ रंग जाता है।

क्या प्यार में सच में ऐसा होता है
एक आवाज के सामने सब शोर शराबा दबता है
कानों का भी अलग अंदाज होता है
इतनी आवाजों में भी क्यों एक आवाज़ सुनता है।

25. एक हमसफर चाहिए

जिन्दगी के सफर में
एक तेरा साथ चाहिए
रहूं जो उदास तो
तेरी एक मुस्कुराहट चाहिए
चलूं जो राह में तो
तेरा हाथों में हाथ चाहिए
बारिश की बूंदों में भीगे जो साथ
वो एक अहसास चाहिए
जिन्दगी के सफर में, एक तेरा साथ चाहिए।

जो टूटे ना कभी
एक वो विश्वास चाहिए
पल पल हर पल
एक तेरा प्यार चाहिए
इस जन्म नहीं हर जन्म का
एक तेरा इंतज़ार चाहिए
जिन्दगी के सफर में एक तेरा साथ चाहिए।

26. वक्त का खेल

वो खुशियां वो माहौल सब एक फरेब था
वक्त वो तेरा एक खेल था
कभी मैं खुश तो कभी मैं दुखी था, वक्त वो तेरा एक खेल था।

वो दोस्त वो अपने सब एक भ्रम था
जरूरत वो तेरा एक खेल था
कभी मैं अपना तो कभी मैं पराया था, जरूरत वो तेरा एक खेल था।

वो घर वो गाड़ी सब एक झूठ था
माया वो तेरा एक खेल था
कभी मैं अमीर तो कभी मैं गरीब था, माया वो तेरा एक खेल था।

वो जीना वो मरना सब एक धोखा था
मौत वो तेरा एक खेल था
कभी मैं जिंदा तो कभी मैं मरा था, मौत वो तेरा एक खेल था।

27. अकेला हमको छोड़ गए

तुम हमारे दिल को तोड़ गए
तुम अकेला हमको छोड़ गए।

साथ रहने की सभी बातो को
तुम हमेशा सुनकर मोड़ गए।

जानता था सच तुम्हारा क्या है
जानकर भी दिल हम जोड़ गए।

प्यार मेरा देख नहीं पाए तुम
और तुम हो अपने सोच गए।

हम बुलाने फिर भी आए थे
देखकर खुश तुमको लौट गए।

28. गर्दिश में हैं तारे

कर रहा है एक काफिर तेरा (मौत) इंतजार
गर्दिश में हैं तारे मय (शराब) भी हुई बेकार।

फ़कीर बना फिरता हूं इंसानी रेगिस्तान में
रूह भी मेरी जर्जर हुई इस इंसानी मकान में।

अय्यारी (जादूगरी) का इल्म नहीं है दिल का हूं में साफ
जालसाजों से भरी है दुनियां किससे करूं हिसाब।

ईमान मर रहा है यहां सब है परेशान
दीन (धर्म) बेदीन (अधर्म) का पता नहीं चलता कैसा है ये ज़हां।

29. डर है उसका नाम

हाथ से वक्त निकलता जाए, दिखती नहीं कोई राह
चारों तरफ अंधेरा छाया, मिले ना कोई पनाह।

छोटी सी भी लौ नहीं कि, ज्वाला उसे बना सकूं
हारा हुआ सा महसूस होता, काम कोई कर ना सकूं।

थर थर कांपे हाथ मेरे, थर थर कांपे पांव
सब जन देते धोखा मुझे, उसपे कुदरत के भी दांव।

छुप छुप के वो वार करे, यही है उसका काम
धीरे धीरे दिल में बैठे, डर है उसका नाम।

30. एक तेरा साथ

बेचैन हूं मैं मुझे चैन नहीं है
मेरे दिल को अब आराम नहीं है
तेरे साथ का मरहम चाहिए
मुझे तू दूर नहीं मेरे पास चाहिए।

मदहोश हूं मैं मुझे होश नहीं है
तेरी यादों पर कोई जोर नहीं है
सात फेरों का तेरा साथ चाहिए
इस जन्म के लिए नहीं हर जन्म के लिए चाहिए।

दीवाना हूं मैं मुझे इन्कार नहीं है
इस पागलपन का अब कोई अंत नहीं है
तेरी बातों का इलाज चाहिए
एक दो पल नही हर पल चाहिए।

बेफिक्र हूं मैं मुझे फिक्र नहीं है
इस दिल में और कोई चाहत नहीं है
चाहत को पाने के लिए तेरी चाहत चाहिए
और तुझे पाने के लिए बस तेरी हां चाहिए।

31. छोटी छोटी खुशियां

परवाह किसको है की हम कैसे जीतें हैं
जरूरतें पूरी हो जाएं बस इतनी चाहतें हैं।

कौन कहता है हमें गाड़ी बंगले में रहना है
अपनों को संभाल सके बस इतनी तमन्ना है।

किसने कहा हमें ये सारा ज़हां जीतना है
हमें तो बस छोटी छोटी खुशियों में जीना है।

चांद को छूकर हमें हवा में नहीं उड़ना है
मिट्टी से जुड़कर बस ज़मीन पर रहना है।

अंजान हैं हम पैसों से बनी इस दुनियां से
समझ आ जाए बस कैसे रहना है।

32. परिवार या धोखा

गुमराह कर रहा हर शख्स यहां
भरोसा नहीं अब किसी पर रहा।

छुपा रहे हैं सब राज दिल में
धोखा देते सब भरी महफिल में।

शर्म मर रही इनकी आखों में
कत्ल कर रहे थे बातों में।

दबा दी जाती आवाज़ भी जहां
घुट रहीं अब तो सासें भी यहां।

पहचान खो रही मेरी यहां
कैसे रहूं यहां मुझे ये बता।

चूस रहे अब तो ये मेरा लहू
माँ तू ही बता यहां कैसे रहूं।

33. जुदाई का अहसास

जुदाई क्या है आज महसूस किया है मैंने
पल पल खुद को मरता देखा है मैंने।

याद में उनकी खूब बरसीं हैं यें आंखें
पल पल तड़प कर जिया है मैंने।

नींद के लिए रोज लेटता तो हूं मैं
पल पल आंखें बंद करके खोली है मैंने।

जुदाई का ये अहसास उनको नहीं है शायद
पल पल सोचकर चैन खोया है मैंने।

लगता है अब बिखर जाएंगी यें सांसे
पल पल मौत कि दुआ की है मैंने।

अंधेरे में भी रोशनी मिल ही जाती है
मिलने की एक उम्मीद जगाई है मैंने।

34. भाई का षडयंत्र

जिसको निभाना था फ़र्ज़ पिता का
वो निकला मक्कार
खा गया अधिकार भाई का, उसपे है धिक्कार।

जिसको उठाना था, बोझ घर का
वो करता अनाचार
खाई कमाई सारी उसने, किया पीठ पर वार।

जिसको दिखाना था, चरित्र बड़ों का
वो करता दुराचार
ऐसा षडयंत्र रचा था उसने, शकुनि हो गान्धार।

जिनको कहना था, कथन न्याय का
वो निकले धृतराष्ट्र
सम्पत्ति सारी जब्त कराई, किया घर बरबाद।

जिनको देना था, साथ सत्य का
वो करते किरदार

पुण्य अपना नाश करें, बन पाप का भागीदार।

Printed by Libri Plureos GmbH in Hamburg, Germany